LE TAXI
DE FERDINAND

Editions du loup bleu 71400 Autun

ISBN :979-10-90981-02-7

L’euphorie de la mobilisation est terminée. Paris est menacé. Le gouvernement a déménagé à Bordeaux et de nombreux parisiens ont décidé de quitter la ville.

Comme tous les autres taxis, je suis débordé.

Les plus riches s'engouffrent dans mon ventre, s'entassent autour de Ferdinand qui peut à peine conduire. Chaque jour, loin du front, nous organisons le départ des femmes, des enfants et de toutes les bouches inutiles en cas de siège.

Quelle poisse !!

Ce six septembre 1914, en début de soirée, alors que je croyais la journée terminée Ferdinand revient ! Tout excité, il me tape sur le capot et s'écrie :

- Réquisition, mon vieux ! Ordre du Général Galliéni ! Emmène-moi sur la Place des Invalides !

Ferdinand

Et voilà ! Fin d'un repos bien mérité ! A vide, cette fois, accompagné de tous mes copains taxis, je conduis MON Ferdinand vers l'esplanade.

Sur la place, c'est l'agitation. Il y a des automobiles et des chauffeurs partout ! Chacun s'exclame :

- *Qu'est-ce qu'on fait là ?*
- *Réquisitionner les taxis, quelle drôle d'idée !*
- *Quelqu'un croit qu'on peut être utile ! Enfin !!*
- *Qui va s'occuper des clients ?*
- *Et la course ? Qui va la payer ?*

Enfin, de bouches à oreilles, l'information nous parvient : pour espérer remporter la bataille qui fait rage dans la Marne, il faut transporter d'autres soldats sur le front. Comme le trafic ferroviaire est hors d'usage, ce sera à nous de jouer !

Il fait maintenant nuit noir et cela fait des heures que nous nous sommes rassemblés.

Fatigué d'attendre, Ferdinand s'est assis sur le capot et souffle d'impatience. Soudain, il ouvre la porte et s'installe derrière le volant :

- *Allez, mon vieux ! C'est parti !*

- *Quand faut y aller, faut y aller !*

Il tourne le contact et nous nous mettons en route, à la queue leu-leu, telle une immense chenille mécanique. Après plusieurs heures de route le premier taxi stoppe et chacun en fait autant.

- *Je suppose qu'il faut attendre les ordres... murmure Ferdinand.*

- Pourvu que ce ne soit pas trop long !

Non seulement, c'est long ; c'est même très long. Ferdinand ne tient plus en place ! Je ne l'ai jamais vu comme ça ! A force de tourner autour de moi, il va finir par m'étourdir ! Et voilà qu'il râle, maintenant !

- Pff... Des heures qu'on attend... et sans vivres par- dessus le marché ! J'ai une faim de loup, moi !

De rage, il frappe le capot du plat de la main. Mais qu'est-ce que j'y peux, moi, si les humains n'ont pas de cervelle ?

Ce n'est pas en me mal-traitant qu'il aura à manger ! D'ailleurs, les chefs n'ont pas prévu les vivres pour les hommes mais ont-ils pensé au ravitaillement des automobiles en carburant ? Je n'en ai pas l'impression…

Oh là là ! Je crois qu'on ne va pas pouvoir remplir notre mission ! Et puis, tous ces soldats que l'on doit transporter, où sont-ils ? Mais que se passe-t-il ? Un ronronnement de moteurs se fait entendre et une longue colonne de camions apparaît. Pourvu que ce ne soit pas l'ennemi !?

Le convoi stoppe loin devant nous, à la hauteur de la première voiture et soudain des voix s'élèvent :

- Ravitaillement !Ravitaillement !

-Prenez des vivres et du carburant. Allez, allez ! vite ! On a fait 30 km de trop ! Il faut faire demi-tour !

Les vivres sont à peine distribuées que le convoi s'ébranle à nouveau, en sens inverse.

- Tu vois, mon vieux, me dit Ferdinand, c'est à Sevran-Livry que les soldats nous attendent. Chaque taxi devra en charger cinq et les emmener sur le front où on a besoin d'hommes.

- Quand je pense que, pour la plupart, ce sera leur premier voyage en automobile... et peut-être le dernier ! Pauvres gars !

Ferdinand reste silencieux quelques instants puis :

- *Ah ! Je crois qu'on arrive…*

Des fantassins nous attendent avec leur culotte rouge et leur grande cape bleue, leur bagage sur le dos et les armes à la main.

Ils sont tous très fatigués mais prêts à en découdre avec l’ennemi. Ferdinand descend et les aide à s’installer : quatre gars montent à l’arrière et Jean s’installe à côté de Ferdinand. Et nous voilà repartis.

- Comment ça se passe sur le front ? demande Ferdinand.

- C'est dur ! Très dur ! répond Jean. L'ennemi résiste et les blessés sont nombreux. Beaucoup ont besoin d'être évacués.

- C'est ce que nous allons faire. Nous allons les ramener, affirme Ferdinand.

Le moteur est trop bruyant et le reste du trajet se poursuit en silence. Cependant Ferdinand a pris sa décision. Avant de rentré à Paris, nous aiderons ces pauvres gars et nous évacuerons les blessés…

Arrivés au sud de Nanteuil, nous déposons Jean et ses quatre compagnons de fortune en leur souhaitant bonne chance. Ferdinand se porte volontaire pour le rapatriement des blessés et nous reprenons la route. Les voyages se succèdent. Nous aidons à notre manière et ni Ferdinand ni moi ne pensons qu'un jour nous serons les héros involontaires des livres d'histoire.

Mes autres publications :

JEUNESSE :
Comment la mer est devenue salée, album, éditions du loup bleu.

Qui es-tu, Ronron ? Eveil, Angel publications.

POUR TOUS :
De l'Auxois au Morvan, la cuisine d'une bourguignonne, livre de cuisine illustré, éditions du loup bleu.

Prix France : 8 €

Imprimé à la demande par BoD (Allemagne)

Dépôt légal Août 2014

Loi n°49.956 du 6 juillet 1944

sur les publications destinées à la jeunesse : Août 2014